CAMILLE VALLAUX

DOCTEUR ÈS LETTRES, PROFESSEUR A L'ÉCOLE NAVALE

LA DÉCOUVERTE

DE

L'ASIE CENTRALE

EXPLORATIONS

D'AUREL STEIN, DE KOZLOV ET DE PELLIOT

PARIS

LIBRAIRIE FÉLIX ALCAN

108, BOULEVARD SAINT-GERMAIN, VIᵉ

1911

CAMILLE VALLAUX

DOCTEUR ÈS LETTRES, PROFESSEUR A L'ÉCOLE NAVALE

LA DÉCOUVERTE

DE

L'ASIE CENTRALE

EXPLORATIONS

D'AUREL STEIN, DE KOZLOV ET DE PELLIOT

PARIS

LIBRAIRIE FÉLIX ALCAN

108, BOULEVARD SAINT-GERMAIN, VIᵉ

1911

LA DÉCOUVERTE
DE L'ASIE CENTRALE

EXPLORATIONS
D'AUREL STEIN, DE KOZLOV ET DE PELLIOT

Il n'y a pas une région du globe où l'activité scientifique ait été plus grande qu'en Asie Centrale, depuis une trentaine d'années. Sur ces terres où les deux plus vastes dominations du monde, celle de la Russie et celle de l'Angleterre, ont leurs points de contact près des frontières du bloc humain le plus compact qui existe, celui de la Chine, les explorateurs de toutes nations ont croisé leurs itinéraires. La part des Russes est très brillante. Le grand public a retenu le nom et les explorations de Prjévalski ; il connaît moins ses émules et continuateurs, Potanin, les frères Groum-Grjimaïlo et Obroutchev ; demain il connaîtra les travaux du capitaine Kozlov, qui, pour la troisième fois depuis 1893, a traversé de 1908 à 1909 les déserts de Mongolie, du Gobi et d'Ala-Chan. Les Anglais ont travaillé, soit par leurs explorateurs nationaux comme Littledale, soit par leurs sujets de l'Inde, les *pundits* auxquels nous devons les seuls renseignements certains que nous ayons eus sur la théocratie du Tibet et sur la ville de Lhassa, depuis les missionnaires français Huc et Gabet, en 1845, jusqu'à l'expédition du colonel Younghusband en 1904 ; aujourd'hui, c'est Aurel Stein, chargé de mission par le gouvernement de l'Inde, qui vient de mener à bien de fructueuses recherches dans le Turkestan chinois et dans le Kan-Sou, de 1906 à 1908. Des nations non directement intéressées apportent leur contribution, qui n'est pas la moindre. Le Suédois Sven Hedin s'est fait une réputation universelle par ses explorations au Turkestan chinois et au

Tibet. En Allemagne, les recherches sur l'Asie Centrale ont été « l'école des grands géographes[1] », comme Humboldt, Ritter et Richthofen. En France, le beau livre, encore trop peu lu, de L. Cahun, *Introduction à l'histoire de l'Asie*[2] (1895), a montré au public l'intérêt puissant du passé asiatique ; quant au présent, il a été éclairé, depuis vingt ans, par les recherches de Bonvalot, de Henri d'Orléans, de Dutreuil de Rhins, de Grenard, de Chaffanjon, de Bonin et de d'Ollone ; en dernier lieu, la mission archéologique de M. Pelliot au Turkestan chinois et au Kan-Sou, de 1906 à 1908, nous a donné une brillante réplique des travaux d'Aurel Stein.

On comprend aisément cette *attirance* de l'Asie Centrale et la dépense d'intelligence et d'énergie faite pour lui arracher ses secrets. Le passé de la terre et le passé de l'homme, l'état présent de la surface terrestre dans ce pays et les problèmes politiques et sociaux qui s'y posent, fournissent aux observations une matière riche et variée. Les formes du terrain et les aspects du sol y sont tels que peuvent les souhaiter les géographes pour l'avancement de la géographie physique : phénomènes de grande amplitude, relations et évolution visibles du steppe, du désert, de la montagne et des eaux, extrêmes de climat qui soulignent vigoureusement ces rapports, rien n'y manque. Le déterminisme physique semble commander ici avec rigueur toutes les formes de l'existence humaine : « Nulle part, dit Stein, la dépendance du développement historique par rapport aux conditions physiques n'est marquée aussi nettement que dans le centre de l'Asie. » Les plus hautes montagnes et le plus vaste plateau du globe, des déserts qui comptent parmi les plus désolés, des steppes d'une immense étendue et des oasis en voie de transformation, de dépérissement ou de rajeunissement paraissent encadrer et diriger d'une manière inflexible l'existence des hommes. On comprend le mirage qui a séduit les esprits comme Huntington, l'explorateur et écrivain anglais qui a cru trouver en Asie Centrale la *base géographique* de l'histoire générale de l'Ancien Monde[3]. Mais il n'est pas besoin de souscrire aux conclusions

---

[1] E. DE MARTONNE. *Évolution du relief de l'Asie centrale* (Géographie, 15 janv. 1911, p. 39-40).

[2] Paris, A. Colin.

[3] E. HUNTINGTON. *The pulse of Asia : a journey in Central Asia illustrating the geographic basis of history*, Londres, 1907.

de Huntington pour reconnaître qu'au centre de l'Asie, la
géographie et l'histoire sont inséparables. Sur cette terre où se
sont rencontrés les courants de la civilisation de l'antiquité
classique, de la civilisation et des religions indoues et de la
civilisation chinoise, ces courants se sont tantôt mélangés, tantôt
séparés à cause des facilités et des obstacles relatifs qu'ils trou-
vaient sur un sol âpre et fertile en violents contrastes. La géographie et l'histoire se renseignent souvent aux mêmes sources,
c'est-à-dire aux trouvailles archéologiques. Le passé de l'homme
donne des lumières sur celui de la terre, le passé de la terre en
donne sur celui de l'homme. Ce sont les conditions naturelles
qui préservent et qui perpétuent les archives humaines. L'extraordinaire pouvoir de conservation du sol et du climat sec des
déserts asiatiques conserve pour nous les moindres restes des
civilisations disparues. Aussi les explorateurs ne se spécia-
lisent pas dans un ordre de recherches. Par suite de la nature
des choses, les historiens deviennent géographes, les géographes
deviennent historiens. Kozlov concentre son attention sur les
phénomènes géographiques d'assèchement du sol et d'appau-
vrissement des rivières : mais il sait que les monuments et les
vestiges d'ordre historique, ainsi que les traditions et les
légendes, concourent à son information. Aurel Stein, dont le
but essentiel se rapporte à l'histoire de l'art et à l'archéologie
religieuse, a décrit mieux que personne les oasis et les rivières
mortes du Turkestan et du Kan-Sou. Pelliot, chargé comme
Aurel Stein d'une mission d'archéologie religieuse, ne néglige
pas d'indiquer les conditions physiques où vivent les oasis du
Turkestan et du sud du Gobi, centres de ses recherches. En
exposant les principaux résultats des travaux de ces trois explorateurs, nous ferons comme eux. Nous n'essaierons pas de
séparer ce qui est inséparable.

I

Les géographes donnent le nom d'Asie Centrale à l'ensemble
de déserts, de steppes, d'oasis et de montagnes compris, du Sud
au Nord, entre la ligne du Kouen-Loun, de l'Astyn Tagh et du
Nan-Chan d'une part, l'Altaï et les monts de Baïkalie de l'autre ;
d'Est en Ouest, cet ensemble s'étend de la Mandchourie au
Pamir. Le Tibet n'en fait donc pas partie. Cela se conçoit, car

le Tibet, dont les 4.000 mètres d'altitude moyenne font le plus élevé des plateaux du globe en même temps qu'il est le plus étendu, ne ressemble en rien au Sahara asiatique qui se déploie au Nord et au Nord-Est de ses remparts montagneux. L'Asie Centrale se compose du Turkestan chinois, de la Dzoungarie, de la Mongolie et du désert de Gobi. Quelques caractères communs soudent solidement ces régions les unes aux autres et masquent les diversités secondaires. Ce sont des bassins intérieurs soumis à un climat extrême, où l'érosion par les vents possède une force infiniment supérieure à celle de l'érosion par les eaux. Le drainage vers les mers extérieures se fait peu ou se fait mal ; les eaux, peu abondantes, se perdent dans les lacs, dans les marais, dans les roselières ou dans les sables. On ne sait pas au juste quelle est la part de la « géologie fondamentale » dans la géographie physique du Centre-Asie : la géologie elle-même est des plus incertaines ; il y a des savants comme Suess qui voient partout des plissements et d'autres, comme B. Willis, qui ne veulent reconnaître que des mouvements verticaux. Ce qui n'est pas niable, c'est l'extraordinaire puissance des sautes brusques de température et de la violence des vents, qui amènent partout une active désagrégation des roches : déserts de pierres et éboulis en cascades, vus par Stein aux flancs du Kouen-Loun jusqu'à la limite des neiges, à 5.500 mètres d'altitude ; formation, dans les plaines, des dunes de sable fin poussées par les vents, les *barkane* (marcheuses), qui sans cesse, de la Mongolie au Pamir, menacent le cours des eaux et les établissements humains. Le climat extrêmement sec fait la végétation très maigre. Sur son versant sud, tourné vers le désert, le Tian-Chan est tout à fait nu et stérile, ainsi que le Kouen-Loun sur son versant nord. Pelliot put y voyager près de deux ans sans voir sur la montagne un arbre ni un brin d'herbe. Aucun obstacle n'empêche le vent, le froid et la chaleur de dissocier les roches. Aussi cette œuvre de dissociation, poursuivie depuis de nombreux millénaires, a donné naissance à des sols nouveaux. Ce sont les dépôts du *Han-haï* et ceux du *lœss*. Les dépôts du *Han-haï*, qui atteignent dans le Gobi, selon Kozlov, jusqu'à 3 mètres de puissance, et qui sont composés d'assises horizontales de sables, de conglomérats et de calcaires marneux, étaient considérés par Richthofen comme des produits de sédimentation dans une mer intérieure : mais Loczy a montré qu'ils provenaient du démantèlement d'anciennes montagnes, dû à l'action des mêmes forces que de nos jours. Le *lœss*, la terre jaune de la Chine et de l'Asie Centrale, disposé en couches souvent très épaisses, a dû se former au nord du Gobi avec le concours des eaux courantes, d'après Kozlov ; toutefois, Stein indique qu'à la base du Kouen-Loun, les collines reçoivent tous les jours une forte pluie de fine poussière charriée par les vents, qui se dépose sur les pentes pour former le lœss ; ce qui donne une nouvelle force à l'ancienne opinion de Richthofen sur l'accumulation du lœss par suite de l'érosion et du transport éoliens.

L'originalité de cette terre, où dominent sans contre-poids quelques-uns des agents les plus puissants de la vie superficielle du globe, apparaît surtout dans les paysages de contrastes qui illustrent la rencontre des eaux et des sables, de la montagne et du désert. Sur le Kouen-Loun, au-dessus de hauts contreforts stériles et seulement à plus de 5.000 mètres d'altitude, à cause de la sécheresse du climat, se développent les grands glaciers qui donnent au Khotan-Daria assez d'eau pour traverser, pendant l'été, les dunes arides de Takla-Makan. Stein est vivement frappé par la différence entre les deux parties des arêtes montagneuses du Nau-Chan, celle de l'ouest où il ne pleut pas, et celle de l'est où il pleut. A l'ouest, aridité complète de rocs et de pierrailles ; à l'est, vallées fraîches et arrosées, tapissées d'une végétation abondante. Dans le désert de Takla-Makan, la « course mourante » du Nia-Daria vers le nord est dessinée pendant 60 kilomètres par un lit de jungle vigoureuse, où les roseaux et les peupliers sauvages font à l'automne des teintes brillantes vivement tranchées sur le gris uniforme des sables.

La lutte du désert, fortifié et renouvelé sans cesse par le vent, contre les eaux peu abondantes et menacées dans leur étroit domaine, constitue le plus intéressant problème de géographie physique qui se pose en Asie Centrale. Par cette lutte, la carte du pays se renouvelle et se transforme, comme partout sur le globe. Mais ici les changements sont violents et se font à intervalles assez courts ; ils sont plus aisément observables ; ils se font presque sous nos yeux ; beaucoup s'accomplissent dans une limite de temps inférieure à la vie d'une génération. Ils sont donc de l'ordre des faits géographiques qui influent directement sur le destin des sociétés humaines. Ils méritent d'être étudiés, non seulement en eux-mêmes, mais pour les conséquences qu'ils peuvent avoir.

On est assez porté à croire, avant toute étude détaillée, que dans cette lutte où les eaux sont faibles, fragmentées, privées de drainage extérieur et de grand fleuve collecteur, soumises à une évaporation active, et où les vents du désert, au contraire, possèdent une force, une régularité et une violence sans cesse avivées par les écarts brusques de température, l'eau doit être partout et toujours vaincue par le sable. En d'autres termes, en Asie Centrale, le désert ne cesserait de s'étendre. Mais les choses ne sont pas aussi simples. Il est aisé de prendre pour un recul des eaux ce qui n'est qu'une simple oscillation. Une oasis détruite ne signifie pas nécessairement une conquête du désert, car il arrive que l'oasis se reforme plus loin. Le désert du Lob-Nor a remplacé certaines surfaces autrefois submergées de ce grand marais dont Sven Hedin compare les oscillations à celles d'un pendule (image qui pourrait tromper, car elle donne l'idée d'une régularité de mouvement tout à fait absente ici) ; mais aussi des chapelets de lacs, dernières émissions du Tarim expirant dans les sables, ont recouvert, presque sous les yeux de Sven Hedin lui-même, d'anciennes parties désertiques[1]. Donc, il ne faut pas se presser de parler des conquêtes du désert et de l'asséchement graduel du climat ; il faut encore moins se presser d'en tirer, comme l'a fait Huntington, des conclusions historiques. Voici quels sont les principaux faits de *recul* des eaux et de simple *oscillation* des eaux et des cultures relevés par nos explorateurs ; nous commençons par les faits de recul.

En allant d'Ourga vers l'Alachan, Kozlov est arrivé dans le Gobi au lac Toukhoumnor. Ce lac n'est plus représenté que par une croûte de sel de 5 kilomètres de développement et de quelques centimètres d'épaisseur.

Le Sobo-Nor, autre lac, qui conserve actuellement 50 kilomètres de tour, n'en est pas moins réduit au quart de son étendue ancienne.

Assez curieuse est l'histoire du petit lac Bo-mou, près du Hoang-ho ; elle a été dite par les indigènes à Napalkov, un des compagnons de Kozlov. Ce lac s'est desséché complètement,

---

[1] SVEN HEDIN. *Le désert de Lob à la lumière des récentes explorations* (*La Géographie*. 15 mai 1911, p. 321-330).

paraît-il, depuis 6 générations ; à sa place il n'y a plus qu'un infime marais au milieu d'une touffe d'arbres.

Le célèbre lac Kou-kou-Nor, la Mer Bleue des Chinois, bien que placé en dehors de la zone proprement désertique, n'échapperait pas au desséchement, selon Kozlov. Quoiqu'il ait encore des profondeurs de 25 à 37 mètres, son niveau baisse d'année en année.

L'ancienne oasis de Khotan comprenait de vastes surfaces aujourd'hui abandonnées à la jungle sablonneuse des tamaris. Selon Stein, les quantités d'eau données par le Yurung-Kach, la rivière de Khotan, ne suffiraient pas à irriguer ces surfaces. Le Yurung-Kach se serait donc appauvri.

Les documents trouvés au vieux Khotan, et dans toutes les anciennes oasis du Khotan Daria recouvertes par les sables, indiquent le même moment (fin du viii⁰ siècle) pour l'abandon de ces établissements. On est porté à penser qu'un changement dans les conditions naturelles expliquerait bien cet abandon simultané d'établissements assez éloignés les uns des autres.

Au sud du Gobi existe un bassin fermé, celui du Sou-lai-ho, dont les eaux se perdent dans le marais du Kara-Nor. Du Kara-Nor au Lob Nor, il y a environ 300 kilomètres dans une large vallée qui continue d'est en ouest la direction du Sou-lai-ho ; les nivellements et les sondages de Stein prouvent que cette vallée a été autrefois suivie par les eaux ; alors le Sou-lai-ho était un affluent du Lob-Nor, dont un large désert le sépare aujourd'hui.

A Kiao-tchou, au pied du Nan-Chan occidental, d'anciens canaux d'irrigation apportaient à l'oasis des eaux totalement disparues à l'heure présente.

Le cas de l'ancienne oasis du Nia-Daria a été un des mieux étudiés par Aurel Stein. Le Nia est une des nombreuses rivières descendues du Kouen-Loun et perdues dans les sables de Takla-Makan. Jusqu'au iii⁰ siècle de notre ère, ses eaux se prolongeaient à 60 kilomètres au nord du point où elles disparaissent aujourd'hui. A cette ancienne terminaison du Nia, dans un site qui est aujourd'hui le *désert absolu,* Stein a trouvé des ruines de maisons dont les carcasses de bois, à demi submergées par les sables mouvants des *barkhane,* ressemblent, dit-il, aux débris d'un naufrage. En amont, le cours du Nia s'est déplacé ; mais il n'a pas seulement oscillé, il a aussi diminué en longueur absolue ; la rivière a partiellement tari.

Au nord du désert de Lob, le cas d'Altimich Boulak rappelle celui de Nia. Il y avait à Altimich Boulak une oasis agricole et un poste qui jalonnaient, jusqu'au IIIᵉ siècle, la route de Chine aux oasis nord du Tarim. Aujourd'hui, cette route manque tout à fait d'eau potable, sur une longueur de 150 milles. Les eaux mêmes des sources d'Altimich Boulak sont si salées que les chameaux refusent de les boire, et qu'elles ne gèlent pas, en hiver, par des froids de — 25°. Jamais aucune canalisation n'a pu amener là les eaux du Tarim. On est donc amené à penser qu'il y avait sur cette route des eaux permanentes, sources ou rivières, aujourd'hui disparues.

A côté de ces faits, d'autres aussi bien vérifiés ne montrent que le déplacement des cours d'eau, dû à l'action des sables et à l'absence de drainage vers l'extérieur ; il serait aisé, ici, de prendre pour une marque d'aridité croissante ce qui n'est qu'un indice de la mobilité et de l'incertitude du réseau hydrographique.

Dans le Gobi, le cours actuel de l'Edzin Gol, relevé par Kozlov, a varié depuis les explorations de Potanin, en 1885, et d'Obroutchev, en 1893. A ces dates l'Edzin Gol coulait plus à l'est. Les vents dominants viennent du nord-est ; ce sont les sables chassés par eux qui ont refoulé la rivière.

Le cas même de l'oasis de Nia, que Stein a si bien étudié et qui semble au premier abord si probant, laisse quelques doutes sur l'exacte nature du phénomène qui s'est passé là. Des trouvailles archéologiques prouvent que les habitants de l'ancienne oasis ont été obligés de quitter leur demeure dans une circonstance critique, mais avec espoir de revenir. Cela se concilie mal avec l'hypothèse d'une stérilité croissante, dont l'évolution n'eût laissé aucun doute aux habitants sur l'avenir réservé à leur oasis.

Les marais du Lob-Nor sont le théâtre d'indéniables oscillations qui montrent, non une diminution dans le volume d'eau apporté par le Tarim, mais le voyage continuel de ces eaux chassées par les sables dans une vaste région presque horizontale. En 1900, Sven Hedin avait relevé de grandes lagunes nouvellement formées où s'épanchaient vers le nord les eaux du Tarim. En 1907, Aurel Stein a constaté que ces lagunes étaient presque complètement à sec ; à leur place ne subsistaient que quelques petits marais aux eaux extrêmement salées.

Même dans la longue vallée qui va du Lob au Kara-Nor et d'où les eaux du Sou-lai-ho ont entièrement disparu, un lit de lac salé, sur les bords de la route, marque dans cette région une extension récente du Lob-Nor qui n'est pas en rapport avec l'assèchement, mais avec les oscillations.

L'aventure de Stein, en 1908, dans le delta du Kérya bu par les sables, donne le meilleur exemple de ces déplacements continuels.

Stein se dirigeait, à travers le désert, des bords du Tarim vers le delta du Kérya-Daria, d'après les levés récents de Sven Hedin. Il ne trouva pas la rivière au point que celui-ci indiquait, et où quelques vieux peupliers, seuls témoins de l'ancien cours, achevaient de mourir. C'est seulement au bout de six jours qu'il arriva à la « rivière errante », qui avait formé un nouveau delta à une grande distance à l'ouest. Aucune végétation n'avait encore pu se développer le long du nouveau cours. C'est, comme à l'Edzin Gol, un mouvement d'est en ouest déterminé par des vents presque réguliers.

L'étude et le rapprochement des faits de recul et d'oscillation ont montré à Aurel Stein que, malgré l'importance, sur quelques points, des phénomènes d'aridité croissante, les conditions physiques générales n'ont pas changé en Asie Centrale depuis fort longtemps. Il y a au moins deux millénaires que, sur la plupart des points explorés, le désert est le désert. Dans les lignes fortifiées de Touen-houang, près du Sou-lai-ho, Stein a trouvé une quantité de documents qui datent du 1er siècle avant au 11e siècle après J.-C., et que l'aridité désertique a conservés. Les monuments trouvés dans les sables ne doivent pas faire illusion. Stein a acquis la conviction que les *Ming-oï* de Karachar, ensemble d'autels bouddhiques ruinés, en pleine solitude, ont été construits au désert, comme ils y sont maintenant.

Il y a lieu aussi de se méfier des mirages désertiques, lorsqu'on entend parler de villes enterrées par les sables du Turkestan chinois et du Gobi. En 1908, les chasseurs de Korla, au nord-est du Takla-Makan, parlèrent à Stein de villes entières enfouies dans les *barkhane*, et lui indiquèrent l'endroit. Stein y alla ; il ne trouva que d'anciennes tombes musulmanes et de grossières huttes de bergers, au milieu de la jungle morte des lits desséchés de rivières.

Malgré cette mise au point des anciennes théories ou légendes qui établissaient des relations étroites et absolues entre l'aridité croissante et le dépérissement des anciennes civilisations de l'Asie Centrale, il demeure vrai que les établissements humains du Turkestan et de la Mongolie ont eu de tout temps, par le fait de la nature, une existence précaire. La terre agricole se déplace ou disparaît avec l'eau ; l'homme se déplace ou disparaît avec la terre. En outre, ces régions si instables se trouvent sur une immense zone frontière de races, d'États, de langues et de religions : autant de causes d'instabilité humaine qui s'ajoutent aux causes physiques pour faire de l'Asie Centrale un vrai cimetière de sociétés historiques. C'est ainsi que la terre et l'homme suivent ici des évolutions distinctes sans doute, qui se ressemblent toutefois par leur rapidité relative, où le sort de la terre a parfois dicté le sort de l'homme, et où l'histoire de l'homme nous renseigne, par les monuments qu'il a laissés, sur l'histoire de la terre.

II

Ce sont des civilisations de steppe et d'oasis qui ont représenté l'activité humaine en Asie Centrale, depuis l'aube des temps historiques. Dans la Mongolie, traversée du nord au sud par Kozlov, le steppe pastoral couvre d'immenses étendues ; les Mongols pacifiés et soumis à la Chine sont demeurés nomades, car leur sol les y contraint. Au sud, dans le Turkestan chinois, le Gobi et l'Ala-chan, l'eau devient plus rare, le désert l'emporte tout à fait, les questions d'irrigation prennent une importance capitale, et la civilisation sédentaire et agricole de l'oasis remplace la civilisation nomade. Ce sont ces oasis turco-chinoises des bassins du Tarim et du Sou-lai-ho qui ont été parcourues et explorées en partie par Pelliot et par Aurel Stein. Ces oasis jalonnent d'anciennes routes de commerce et de pénétration politique, militaire, intellectuelle et religieuse, de la Chine vers l'Inde et l'Occident, ou inversement. Là s'est décidé souvent le sort d'une partie de l'Asie, depuis la lointaine dynastie chinoise des Han (202 avant J.-C. — 221 après), jusqu'à la pacification du pays, « chinoisé » au xviiie siècle par Kien-long, non sans retours offensifs de l'esprit d'indépendance, comme le montre l'insurrection d'une partie du Turkestan, de 1862 à 1877.

La paix chinoise, qui n'a pas été troublée depuis plus de trente ans en Asie Centrale, favorise la prospérité des oasis, du Pamir au Fleuve Jaune. Pelliot est frappé de la fertilité de leur sol et de la variété de leurs productions en céréales et en fruits; mais il reconnaît que cette fertilité même serait inutile sans l'irrigation artificielle, et cette irrigation n'est possible qu'à cause de la tranquillité du pays. Aux premiers désordres, l'eau cesserait d'arriver et les jardins périraient de soif. A l'Est du Gobi, dans la partie orientale du Nan Chan, Kozlov remarque l'industrieuse activité des cultivateurs chinois. « Pas un pouce de terrain, dit-il, ne reste inutilisé, là où il y a trente ans, l'insurrection musulmane avait semé partout la ruine et la désolation. » A Khotan, que Stein a étudié avec le plus grand détail dans son passé et dans son présent, cet explorateur note l'extension croissante de la surface cultivée, sensible après l'intervalle de six ans seulement entre son premier et son deuxième voyage. Vers l'Est, à la base du Kouen-Loun et sur plus de 5 degrés de longitude, la lutte avec le désert continue avec succès dans plusieurs colonies récemment fondées. C'est toute l'ancienne route des oasis sud du Tarim, de Kachgar et de Khotan au Kan-Sou, qui renaît de nos jours à l'activité et à la vie. Les points habités se multiplient. Les caravanes deviennent plus nombreuses, mais seulement en hiver, comme le remarque Stein, parce qu'alors, entre les gîtes d'étape, on peut emporter de la glace, qui fournit l'eau potable.

Cette renaissance de la route suivie par Marco-Polo au xiiie siècle, et avant Marco-Polo, au viie siècle, par le grand pèlerin bouddhiste chinois, Hsuan-Tsang, donne un intérêt spécial à la reconstitution, tentée par nos explorateurs, du passé politique, artistique et religieux de l'Asie.

Le passé de l'Asie Centrale s'éclaire à la lumière de deux catégories de documents qui toutes deux sont bonnes : ce sont les Annales chinoises et les monuments de toutes sortes enfouis dans les sables du désert.

Stein observe que les assertions des Annales chinoises méritent dans la plupart des cas qu'on y ajoute foi. Leurs indications topographiques sont exactes; de même leurs récits sur l'extension de la colonisation chinoise à l'ouest, aux temps conquérants de l'empire. Ainsi, l'explorateur a refait en sens inverse la marche de l'armée chinoise qui, venant de Kachgar et traversant les Pamirs, a franchi en 749 les cols de Baroghil et de Darkhot ; il proclame l'exactitude des descriptions de l'itinéraire données par le général coréen, Kao-sien-chi. Autre fait : les Annales des Thang parlent d'une colonisation agricole chinoise sur les frontières du Tchitral, et Stein en a retrouvé les restes.

Quant au désert, c'est un merveilleux conservateur d'archives. Dans les lignes fortifiées de Touen-houang, situées en pleine zone aride, non loin du Sou-lai-ho, non seulement Stein a trouvé plus de deux mille documents de toute espèce, depuis des lettres de famille jusqu'à des pièces comptables d'administration militaire ; mais les matières les plus périssables, comme la paille et les chiffons, demeurent intactes au bout de deux mille ans. Bien mieux, on trouve, en dedans de la muraille, les traces d'un sentier de ronde dessiné par les pas des patrouilles. Voici une autre preuve curieuse de l'extraordinaire pouvoir de conservation du sol et du climat du désert : près des tours de veille de la muraille existent de petits monticules faits de fascines de roseaux disposés en croix et en lits alternés, et aspergés légèrement de sable grossier et de gravier. Les sels désertiques ont pétrifié les roseaux et leur ont donné une grande consistance. Ces fascines ne sont autre chose que des matériaux disposés près des tours pour les réparations urgentes de la muraille : Stein les compare aux tas de traverses le long de nos lignes de chemin de fer. Bien que ces matériaux fussent tout à fait périssables, ils ont survécu intacts.

Tous ces monuments curieux et fragiles du passé se trouvent surtout sur les deux anciennes routes de l'expansion chinoise vers l'ouest. La première est la route du Lob-Nor et des oasis sud du Tarim, celle-là même que fait revivre aujourd'hui la nouvelle activité commerciale du Turkestan chinois, depuis Yarkand et Khotan jusqu'à Touen-houang et au fleuve Jaune. La seconde, qui supplanta la route de Lob-Nor au vii⁰ siècle et qui est encore très suivie, est la grande route des caravanes du Gobi, au nord-est du Tarim, par Hami, Tourfan et Ouroumtchi, capitale administrative du Turkestan chinois. Avant la paix chinoise moderne, ces régions n'ont été vraiment au pouvoir de la Chine qu'aux deux époques conquérantes des Han (202 avant J.-C.-221 après) et des Thang (618-907). A la première époque remontent les lignes fortifiées de Touen-houang, sur le Sou-lai-ho ; des deux époques datent les postes militaires explorés par Stein, en plein désert, avec une patience fructueuse, ceux de l'ancien Nia, de Miran et d'Altimich-Boulak.

La découverte des lignes fortifiées de Touen-houang a montré que le système défensif auquel se rattache la Grande Muraille s'étendait beaucoup plus à l'ouest qu'on ne le croyait jusqu'ici. Leur tracé d'est en ouest prouve qu'elles étaient destinées à protéger la route sud de Chine au Lob-Nor, contre les agressions des Hioung-Nou, les « esclaves rebelles », comme disent les annalistes chinois, c'est-à-dire les tribus turques venant du nord, du désert de Gobi et des steppes de Mongolie. Les fortifications se composent de tours de veille massives, de 10 mètres de haut, faites de briques cuites au soleil et disposées à 4 kilomètres environ les unes des autres ; ces tours étaient reliées par un mur de fascines et de roseaux, épais de 3 mètres environ. Le sens de l'adaptation aux conditions climatiques locales, montré par les ingénieurs chinois dans la construction et dans l'orientation de ces lignes, suffit à prouver que le climat n'a pas changé dans le bassin du Sou-lai-ho depuis deux millénaires. Les lignes utilisent comme obstacles une suite de petits lacs et de marais salants qui existaient alors comme aujourd'hui. La construction en fascines entremêlées avait été reconnue par les Chinois comme la plus capable de résister à l'érosion des vents secs du désert[1].

L'ancienne colonie militaire et agricole de Nia, ensevelie par les dunes du Takla-Makan après la disparition des eaux, était une oasis de jardins et de vergers semblable aux îlots actuels de Yarkand et de Khotan. Des avenues de peupliers reliaient entre eux des jardins clos où dominaient les plantations de mûriers. Parfois les troncs de ces arbres subsistent encore ; ils s'élèvent à trois ou quatre mètres de hauteur. La disposition des maisons de bois rappelle tout à fait les méthodes employées dans le Turkestan moderne. Comme Yarkand, Khotan ou Kachgar, Nia était un poste avancé de cultivateurs sédentaires, en face du nomadisme désertique. Les documents chinois que Stein y a trouvés montrent que cet établissement entretenait des relations suivies avec des pays très lointains de l'intérieur de la Chine. C'était une étape sur une grande route de guerre et de colonisation.

[1] C. VALLAUX. *Géographie sociale, le Sol et l'État*, p. 115.

Le poste de Miran, au sud du Lob, était une étape de la même route. Les rives changeantes du Lob, qui sont aujourd'hui à 16 kilomètres au nord de Miran, étaient autrefois au pied même du poste. Il y avait là une garnison chinoise, aux époques où la Chine était maîtresse incontestée de la route du Lob, notamment sous les Han. Plus tard, des envahisseurs venus, tantôt du Nord, tantôt du Sud, ont occupé Miran à leur tour. Ce poste a reçu aux VIIIe et IXe siècles une garnison tibétaine, qui a laissé de nombreuses traces de son passage sous forme de documents écrits, d'armes, d'articles d'habillement et d'objets de ménage. A côté de ces vestiges tibétains, Stein a trouvé un certain nombre d'écrits, sur papier et sur bois, qui ressemblent, selon lui, à la plus ancienne écriture turque connue, le *Kök-turki*[1]. Les pillards turcs arrivaient à Miran en venant du nord, à travers le Gobi, tandis que les Tibétains descendaient des hauts plateaux de l'Astyn Tagh, au sud. La route chinoise a donc été menacée et coupée des deux côtés.

Sur la seconde route chinoise qui menait aux oasis nord du Tarim et qui, dans les temps modernes, a été plus fréquentée que la route sud, Stein a trouvé, dans le site aujourd'hui presque entièrement aride d'Altimich-Boulak aux sources salées, des restes de maisons de bois, de plâtre et d'argile qui ressemblent à ceux de Nia, et où les ravages produits par l'érosion des vents du nord-est sont encore plus nets : tous les murs dont la direction était normale au nord-est ont été renversés et effacés, tandis que les autres subsistent encore sur beaucoup de points. Altimich-Boulak, comme Miran et Nia, était une petite station fortifiée où Stein a trouvé des manuscrits chinois sur bois, sur papier et sur soie ; ces documents sont surtout d'ordre administratif et militaire.

Tous les restes du passé conservés par les sables désertiques donnent une haute idée de l'énergie et de l'expansion conquérante de la Chine aux brillantes époques de son histoire. Ces restes disent aussi l'instabilité politique de l'ancienne Asie Centrale et les convulsions auxquelles elle était exposée, du fait des incursions des tribus tibétaines, turques et mongoles.

---

[1] Le plus ancien des monuments écrits en vieux turc est la stèle de Koul-Tékine, trouvée en 1889 au nord-ouest de la Mongolie ; elle est datée du 18 janvier 733 (L. CAHUN, *ouvr. cit.*, p. 72-73).

III

A l'exception des mouvements spasmodiques des nomades
tibétains, les courants politiques qui ont traversé l'Asie Centrale
sont venus surtout du nord et de l'est ; ils résultaient de l'expansion de la Chine et des incursions des tribus turco-mongoles.
Il n'en est pas de même des courants intellectuels, religieux et
artistiques. Ceux-ci viennent du sud et de l'ouest. L'Inde, terre
des grandes religions, a fait essaimer ses cultes et ses langages,
en tournant les hauts plateaux déserts du Tibet, sur les terres
du Tarim et du Sou-lai-ho. Le bouddhisme préislamique, objet
d'étude de prédilection de Pelliot et d'Aurel Stein, a multiplié
les monuments jusque sur la lisière du désert et dans le désert
lui-même. Par ses temples, par ses *stoupas* ou monuments
funéraires avec reliques et par ses grottes consacrées, il a livré
de nombreux trésors aux explorateurs. Toutes les sculptures,
tous les bas-reliefs et tous les dessins retrouvés dénotent les
emprunts faits par l'art religieux bouddhiste aux procédés artistiques de l'Occident et notamment à ceux de l'art grec. L'exhu-
mation des monuments de cet art gréco-bouddhiste est une des
plus intéressantes trouvailles de l'archéologie asiatique. Elle
montre combien nos vues ordinaires sont étroites et fausses,
lorsque nous séparons absolument l'histoire de la civilisation
classique de celle de la civilisation chinoise. Ces deux civilisations ne se sont pas tout à fait ignorées. Elles se sont pénétrées
sur leurs zones de contact, par l'intermédiaire de la vie religieuse de l'Inde. Les traditions de l'art grec et de l'art chinois
se sont trouvées en présence à Touen-houang, à Miran, à Nia ;
si différentes que fussent les inspirations d'origine, les procédés
se sont mélangés et fondus avec plus ou moins d'harmonie.
L'Islam est venu ensuite apporter sa note originale. On sait
combien l'Islam est fort aujourd'hui au Turkestan et même sur
d'autres points de l'empire chinois ; ce que l'on sait moins,
c'est qu'il a fait la conquête du bassin du Tarim et même d'une
partie de la Mongolie dès les premiers temps de son expansion.
Le christianisme lui-même s'est avancé jusqu'au cœur de l'Asie.
Au temps de l'empire mongol (xiiie siècle), la chrétienté nesto-
rienne d'Almalik était encore florissante. Les chrétientés
éparses dans l'intérieur de l'Asie ne disparurent qu'assez tard

devant l'intolérance musulmane. Enfin, la réforme lamaïque de Tsong-Kaba, qui a rendu la vie au bouddhisme du Centre-Asie en le modifiant et qui représente l'œuvre propre de ce pays dans la production religieuse, a couvert de monastères la Mongolie et le Tibet, tandis que le Turkestan demeurait, à l'ouest et à l'est des Pamirs, le foyer de l'Islam asiatique.

En explorant en Mongolie les ruines de Khara-Khoto, Kozlov a trouvé dans le sable des statues et des images de divinités bouddhistes de style tibétain, avec des monnaies, des poteries en argile, des vases en porcelaine et des manuscrits qui décèlent la même origine. Deux *stoupas* émergent au-dessus des sables ; l'un d'eux contenait autrefois une énorme statue de Bouddha. En revanche, en dehors de l'enceinte de Khara-Khoto, Kozlov n'a trouvé que les ruines d'une mosquée de style musulman pur, semblables à celle de Samarkande et du nord de la Perse. A Khara-Khoto se sont autrefois heurtés Bouddha et Mahomet.

Les ruines de Nia ont donné à Stein, à côté des documents chinois, beaucoup d'autres écrits en *kharotchi*. C'est une ancienne écriture indienne. Ces documents sont des tablettes rectangulaires avec couverture de bois servant d'enveloppe. Des tablettes doubles en forme de coin étaient employées pour la correspondance semi-officielle, et des tablettes oblongues pour comptes et mementos de toute nature. Elles étaient closes au moyen de ficelles scellées de sceaux et de cachets d'argile. Sur ces cachets sont souvent représentés des dieux classiques, comme Héraklès, Eros, Athéna Promakhos. Héraklès est représenté avec sa massue et sa peau de lion, Athéna a une tête casquée, comme dans les monuments de pur style grec.

Altimich-Boulak, comme Nia, a fourni à Stein des objets artistiques de style gréco-bouddhiste et des documents en *kharotchi*, ce qui est plus remarquable encore à cause de l'éloignement d'Altimich-Boulak, situé en plein Gobi, au nord-est du Tarim perdu dans les marais du Lob. A Miran, à côté du fort tibétain existent deux temples circulaires avec *stoupas*. De colossaux reliefs en stuc représentent des Bouddhas assis. Des fresques couvrent les murs. C'est dans ces fresques surtout, presque occidentales de conception et d'exécution, où les formes de l'art classique s'adaptent aux légendes hindoues, que se reflète le génie de la Grèce lointaine. « Je me serais cru, dit Stein, dans une villa gréco-romaine de Syrie ou d'Asie Mineure, plutôt que dans un temple de Bouddha, sur les confins de la Chine. » Quelques-unes de ces fresques représentent des figures d'anges ailés, d'autres symbolisent les plaisirs de la vie. Des inscriptions en kharotchi, sur pièces de soie, indiquent le IIIe siècle comme date de l'abandon des temples de Miran. Les monuments de l'art gréco-bouddhiste à Miran remontent au début de l'ère et même avant. Ils sont dus au rayonnement civilisateur de la Grèce de Bactriane, que les Pamirs et les passes neigeuses de Kachgarie n'ont point arrêté.

C'est surtout dans le bassin du Sou-lai-ho, au *temple des Mille-Bouddhas* de Touen-houang, qu'Aurel Stein a fait d'intéressantes découvertes. Là aussi s'est portée l'activité de Pelliot. Les deux explorateurs ont recueilli à Touen-houang une énorme quantité de documents [1]. Il convient que nous en parlions avec quelque détail.

A 19 kilomètres au sud-est de l'oasis de Touen-houang, au débouché d'une vallée stérile, existent des falaises escarpées de conglomérat où sont creusées des centaines de grottes, sortes d'alvéoles étroites qui contiennent de nombreuses fresques. Ces fresques montrent la plus curieuse combinaison de l'art chinois, de l'art hindou et de l'art grec. Les restes de sculptures indiquent des connexions de même ordre ; par malheur, les sculptures, qui sont en stuc friable, ont beaucoup souffert des ravages des iconoclastes ou du zèle de restaurateurs pieux et maladroits. La plus grande partie de ces restes artistiques appartient à la période des Thang (VIIe au Xe siècle) ; les premiers monuments sont donc contemporains du grand pèlerin chinois bouddhiste Hsuan Tsang, qui nous a laissé un si intéressant récit de ses voyages dans l'Inde, de 617 à 642 ; c'est précisément en invoquant la mémoire de Hsuan Tsang, « son saint patron », comme il l'appelle, qu'Aurel Stein triompha de la méfiance et des scrupules du moine taoïste qui gardait les trésors trouvés dans une des grottes. Ces trésors consistaient

---

[1] On sait que l'authenticité des documents rapportés par M. Pelliot a été contestée. Aurel Stein aurait vidé la grotte de tout ce qu'elle contenait, et, après lui, un Vrain-Lucas bouddhiste aurait trompé la bonne foi de l'explorateur français. Il est certain que Stein a fouillé la grotte en mai-juin 1907, et Pelliot en janvier 1908 seulement. Mais Stein ne dit nulle part qu'il a épuisé les archives de Touen-houang : au contraire, il indique que ces documents étaient si abondants (500 pieds cubes de liasses de manuscrits), qu'il a dû faire un choix. Si vraiment il y a eu falsification, il semble bien que M. Stein en a été victime comme M. Pelliot. C'est aux orientalistes à résoudre la question.

surtout en une énorme quantité de manuscrits, de peintures sur soie et sur chanvre et d'imprimés xylographiques, qui, paraît-il, avaient été découverts par hasard, en 1900, dans un petit réduit jusqu'alors caché par un mur à fresques. Les documents écrits sont en chinois, en tibétain, en brâhmi et en oïgour. Quelques-uns ont paru à Stein avoir la forme particulière d'écriture syriaque ordinairement employée pour les écrits manichéens : ce serait encore une trace d'influence occidentale. Le tout est antérieur au xɪ° siècle, et date des deux ou trois cents années qui ont précédé l'an 1000. Bien entendu, ce sont les textes canoniques du bouddhisme qui dominent dans cet amas d'écriture ; mais on y trouve aussi des œuvres littéraires chinoises, des traités d'histoire, de géographie et de philosophie, et, ce qui est encore plus précieux, des actes, des baux, des comptes et des notes prises au jour le jour. Le dépouillement méthodique de ces archives est appelé à renouveler ou tout au moins à compléter notre connaissance de l'histoire et de la géographie ancienne de l'Asie, lorsqu'une sévère critique aura exclu les documents douteux.

Il semble dès maintenant certain que l'enfouissement précipité des archives de Touen-houang n'est pas dû à une calamité naturelle, mais à une commotion politique. Cela confirme, une fois de plus, les vues générales exprimées par Aurel Stein sur la permanence des conditions physiques au centre de l'Asie, au moins depuis deux millénaires, malgré les oscillations locales et les progrès sensibles de l'assèchement sur certains points. Le temple des Mille-Bouddhas de Touen-houang, qui se trouve aujourd'hui au désert, s'y trouvait déjà au temps où les fidèles se pressaient aux cérémonies du bouddhisme préislamique.

CAMILLE VALLAUX.

Extrait de la *Revue du Mois*, T. XII, n° 69, 10 septembre 1911, pp. 288 à 303.

SIXIÈME ANNÉE — 1911

La Revue du Mois

Paraît le 10 de chaque mois par livraisons de 128 pages
gr. in-8 (25 × 16)

Chaque année forme deux volumes de 750 à 800 pages chacun

Directeur : **Émile BOREL**
Professeur à la Sorbonne.

Comité de rédaction : Maurice CAULLERY, Félicien CHALLAYE, A. COTTON, Jules DRACH
Jacques DUCLAUX, Georges DUMAS, Paul LANGEVIN, Robert LESPIEAU, Albert MÉTIN,
Henri MOUTON, Jean PERRIN, L.-J. SIMON, Paul VAN-TIEGHEM.

Secrétaire de la Rédaction : A. BIANCONI.

RÉDACTION ET ADMINISTRATION : *108, boulevard Saint-Germain, Paris.*

La *Revue du Mois*, qui est entrée en janvier 1911 dans sa sixième année, suit avec attention dans toutes les parties du savoir le mouvement des idées. Rédigée par des spécialistes éminents, elle a pour objet de tenir sérieusement au courant tous les esprits cultivés. Dans des articles de fond aussi nombreux que variés, elle dégage les résultats les plus généraux et les plus intéressants de chaque ordre de recherches, ceux qu'on ne peut ni ne doit ignorer. Dans des notes plus courtes, elle fait place aux discussions, elle signale et critique les articles de Revues, les livres qui méritent intérêt.

Envoi de prospectus détaillés et de spécimens sur demande adressée aux bureaux de la Revue
108, BOULEVARD SAINT-GERMAIN, PARIS

PRIX DE L'ABONNEMENT

Un an, Paris, **20** francs ; départements, **22** francs ; Union postale, **25** francs.
Six mois, — **10** francs ; — **11** francs ; — **12** fr. **50**
Prix de la livraison : **2** fr. **25**.

*L'ABONNEMENT peut partir de chaque mois de l'année, de préférence du 10 JANVIER ou du 10 JUILLET
chaque semestre formant
Un VOLUME complet avec TABLES, TITRES et COUVERTURES*

On vend séparément les semestres écoulés au prix de l'abonnement de six mois
ainsi que toutes les livraisons anciennes.

ÉVREUX, IMPRIMERIE CHARLES HÉRISSEY, PAUL HÉRISSEY, SUCC^r.

www.ingramcontent.com/pod-product-compliance
Ingram Content Group UK Ltd.
Pitfield, Milton Keynes, MK11 3LW, UK
UKHW022330170726
13837UKWH00005BA/2204